Les tables de Stef

Les tables de Stef

23 décorations de tables
Idées simples pour décors raffinés.

Stéphanie Cardinali - Photos : Pascal Dumoutier

EYROLLES

Éditions Eyrolles
61, bld Saint-Germain
75240 Paris Cedex 05
www.editions-eyrolles.com

Crédits photographiques :
Pascal Dumoutier

 ISBN : 978-2-212-12798-0

Un grand merci à Anne Puvis Cardinali et à André Cardinali
qui ont permis la réalisation de ce livre.

Merci

Merci à mon mari Pascal pour ses clichés, pour sa patience infinie dont il a fait preuve pendant les prises de vues et pour son perfectionnisme.

Merci à ma Maman, c'est grâce à son soutien inconditionnel que j'ai osé et que j'ai tenté l'aventure du blog.

Merci également aux enfants Rémy, Alice et Hugo, à mes sœurs Isabelle, Agnès, Jennifer et Charline.

Merci à mes amies des quatre coins de France et même de Belgique rencontrées grâce à mon blog, Claire Valette (Clairouille) pour son aimable participation à cet ouvrage, Florence Calmels (La Grelotte), Karine Hardy (Karipuce) et Benn Alardot (Bennecke).

Merci à toutes mes amies de la blogosphère et à tous les internautes qui m'ont apporté leurs encouragements, du réconfort et du soutien.

Merci à Anne et Dorothée pour leur travail remarquable sur cet ouvrage.

À propos de l'auteur

Stéphanie Cardinali, la quarantaine épanouie, vit depuis 14 ans avec Pascal (son photographe comme elle l'appelle) et leur fils Hugo dans la région parisienne où elle est assistante pour une société de travaux publics.

Elle se dit qu'elle a bien fait d'écouter sa maman qui lui conseillait de créer un blog sur les arts de la table, sa passion. C'est le succès de ce blog qui l'a menée à être éditée aujourd'hui...

Des personnalités et des sites de la décoration lui ont fait confiance, tels Cendrine Dominguez, Le Journal des Femmes, TF1/Plurielles, Marie-Claire.fr, et puis suivront des médias : l'émission d'Estelle Denis pour « 100 % Mag » puis plusieurs parutions dans le magazine du « Dîner Presque Parfait » qui l'ont aidée à asseoir sa notoriété dans ce domaine.

Son soutien le plus confiant fut son parrain, qu'elle appelle JC.

Retrouvez-la aussi sur son blog : http://lestablesdecorativesdestef.over-blog.com.

Avertissement

L'objectif de cet ouvrage est de vous inspirer de nouveaux décors de table. Pour chacune, une ou deux fourchettes vous indiquent la gamme de prix : une fourchette pour une table à moins de 40 €, deux fourchettes pour une table entre 40 et 80 €. Attention, ces prix sont donnés à titre indicatif pour l'ensemble des objets décos, mais en réutilisant vos accessoires d'une table à l'autre (verres, services de table, nappe...), comme c'est le cas dans cet ouvrage, vous réaliserez vos tables pour un coût moindre. Alors, à vos couverts, et bonne inspiration à toutes !

Préface

Je dédis ce livre à mon parrain Jean-Claude Montoussé, disparu en novembre 2008, qui, dès l'instant où je lui ai dit ma passion pour la création de décors de table, a regardé mon travail avec curiosité, m'a encouragée à continuer, soutenue lors que je faiblissais et a toujours cru en moi.
Voici sa lettre :

« Chère Enchanteresse des tables joyeuses !

J'ai repris ma mission de propagandiste de tes talents, et je suis ravi de contribuer, même petitement, à ton succès. Je t'explique ma philosophie : chacun possède un petit quelque chose qu'il faut exploiter. Mon principal conseil aux ados qui s'interrogent sur leur avenir est donc « deviens ce que tu es ». Rien ne me remplit autant de joie que de voir s'épanouir, même tardivement, un potentiel inexploité. La vrai réussite c'est ça : être heureux dans ce qu'on fait en développant les dons que la nature vous a donnés. Ta victoire à toi ne sera pas d'escalader le cocotier du BTP mais d'être connue et reconnue dans ce que tu aimes faire et que tu fais si bien, et je suis heureux que tu en prennes le chemin.

Rêvons un peu, si je ressemble plus aujourd'hui au radeau de la méduse qu'à un Riva, toi, tu es le Belém à toi toute seule, les cales chargées d'une bonne quinzaine de voiles de toutes tailles !! nous allons traverser l'Atlantique pour rejoindre les caps de Bonne espérance, de grande notoriété et de belle galette.

Aucun de ces morceaux de tissu n'est un moteur assez puissant pour nous permettre d'avancer, mais l'établissement progressif d'un minimum de voilure : oui.

Ainsi ton joli blog est une première petite voile très utile. Il t'amènera un petit supplément de vent dans les autres voiles comme celle de l'édition. Ton sérieux allié à ta créativité devraient te garantir la réussite du plan que je t'ai proposé. N'oublie pas de rester concentrée sur l'essentiel, et de passer à la trappe ce qui ne présente aucun intérêt intellectuel ou d'avenir.

Tu bénéficies des conditions idéales pour montrer ce que tu sais faire en travaillant « en famille ». Il faut que tu t'accroches c'est important....

Tu as l'immense chance d'avoir une passion et d'en tirer mille bénéfices même s'ils ne sont pas tous chiffrables en argent. Ne me trahis pas s'il te plait, et poursuis cet épanouissement dans ta vocation. D'ailleurs ta ténacité et la persévérance font partie de tes plus importantes qualités.

Je t'embrasse très fort.

JC, en ski nautique derrière le Belèm »

Sommaire

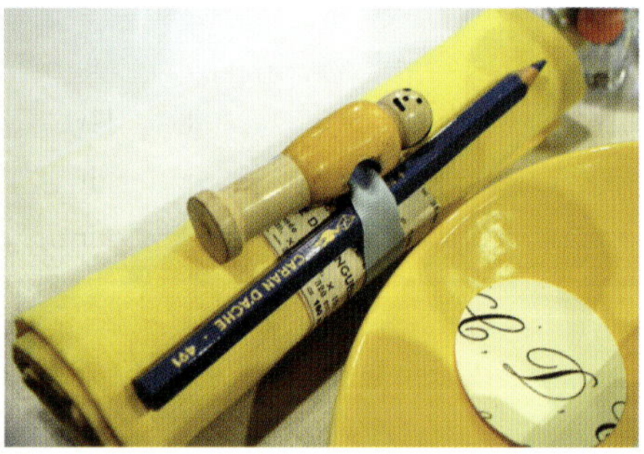

Sommaire

Bonne Maman
Petits beurre
"comme je les aime"

.CUISINE.
N. 239
.CONFITURE.
RESERVE MAISON

Les traditionnelles

Un repas de famille

Nappage blanc, verres et couverts classiques... au coeur de la tradition familiale !

Ressortez votre belle et ancienne ménagère de famille, et mélangez cette argenterie avec le moderne des assiettes aux motifs « couverts ». Pour les fleurs, optez pour le gypsophil et des anémones pour le côté léger et classique, ainsi que les renoncules.

Partons du centre et restons dans le thème des assiettes et des couverts... Pour cela, collez des couverts à l'aide de patafix sur des petits vases blancs... Effet garanti pour 3 € !

L'accessoire en plus ! Ajoutez de la couleur et de la douceur à cette table avec un calisson d'Aix... il trouvera sa place dans un petit récipient à mise en bouche, devant les couverts.

Au centre trône un joli **plat blanc à gâteaux**… bien entendu personnalisé. Décoré avec des **fleurs et des bougies blanches,** il impose toute son allure. Enfin, des petites décorations en bois sur le plat (également collées à la patafix) et sur le porte-calisson d'Aix en porcelaine viennent parfaire votre table.

Condamnez les serviettes en papier à l'occasion d'un tel repas. Sortez vos jolies serviettes du dimanche et customisez-les pour l'occasion.

Habillez les serviettes pour peaufiner votre table. Confectionnez des **étiquettes** sur votre ordinateur (texte simple sous word) et, à l'aide d'une feuille de papier Canson (gris anthracite et gris souris dans notre cas), tracez et découpez ces étiquettes. Grâce à une machine à œillet, perforez-les et attachez-les grâce à **une petite chute de ruban...**

L'astuce en plus ! Décorez votre verre avec un joli ruban gris acheté en mercerie.

Des **petites boîtes en zinc** décorées de **fleur renoncule Gushia** rehaussent le blanc et le gris de la table. Pour égayer cet accessoire, une chute de lin blanc a été placée dans le fond et décorée avec du galon récupéré lors de l'achat des chemins de table de la même marque (Jardin d'Ulysse). Le couvercle de la boîte a été placé en dessous de manière à surélever un peu la présentation du soliflore.

Pour finaliser votre décor, il ne reste plus qu'à habiller vos chaises. Des housses assorties aux tonalités de votre nappe, si vous en avez, et un joli nœud en tulle ou taffetas couleur gris souris pour rappeler les autres éléments de la table.

Voilà ! Les invités peuvent entrer et la scène du repas peut commencer !

Shopping

- Assiettes grises : Casa (3 € pièce)
- Assiettes à dessert : FLY (1,90 € pièce)
- Plat à cake Amadeus (24 € pièce)
- Vases goutte blancs : Eurodif (3 € pièce)
- Verres : SIA façon Biot (8 € pièce)
- Verres : Mikasa (9 € pièce)
- Gobelet blanc : Monoprix (1,99 € pièce)
- Serviette de table : Maisons du Monde (3,90 € pièce)
- Boîte zinc : Gifi (1,50 € pièce)
- Porte-couteau : Casa (1,50 € pièce)
- Oiseaux en plâtre (11 € les 3)
- Sujets décorations : Casa (1,50 € papillons et fleurs en bois).

Bonne Maman
Les Petits Muffins
NATURE
Bonne Maman
Bonne Maman

Maman gâteau prépare le p'tit déj !

Croissants, gâteaux et douceur pour un réveil 100% tendresse !

Imaginez des sachets de gâteaux « Bonne Maman » détournés en vases, quelques fleurs pour la touche champêtre et voici votre table dressée pour un petit déjeuner convivial et familial… en terrasse au soleil ou au chaud prêt du poêle !

Gâteaux sortis du four, café au lait, crêpes ou brioches chaudes… Plongez directement, le temps d'une matinée, dans le souvenir de ces tendres moments passés avec nos grands-mères.

Dans cette version **bleue**, c'est plutôt le côté printanier qui a été mis en avant. Pour cela, des **sachets de gâteaux** remplis d'eau en guise de vases et des **fleurs** pour souligner ce côté maison et nature.

Du transfert sur bois a été réalisé directement sur la **petite cagette recyclée**, faisant office de centre de table. Enfin, des **brochettes de chouquettes** et des viennoiseries sont aussi placées sur une **chute de tissu vichy**... bleue !

De l'autre côté, un **yaourt** est décoré avec un peu de tissu vichy et posé sur la serviette de table. Une bande de chute de tissu est placée sur les bols en guise de ruban.

Des petites madeleines sont disposées tout autour du bol pour mettre vos invités en appétit.

Vous pouvez proposer une orange pressée, présentée dans des verres anciens que vous aurez chinés lors d'une brocante ou d'un vide-grenier par exemple. Ici, une bouteille de limonade a été recyclée et remplie de lait frais : présentée à chaque convive adepte de lait, elle fait son petit effet! Enfin, pour mieux la personnaliser, du ruban « Bonne Maman » est collé tout autour de la bouteille.

Et pour finir, des emballages de gâteaux, proprement ouverts, délicieusement vidés et bien aplatis peuvent aussi venir habiller vos couverts !

Les Petits Muffins

Shopping

- Tissu à carreaux au mètre : IKEA (6 €)
- Assiettes de présentation : Casa (2,49 €)
- Bols : Casa (1,50 €)
- Assiettes à dessert blanches : Casa (1,99 €)
- Serviettes de table : Maisons du monde (3,90 €)
- Verres anciens : chinés en brocante (5 € pièce)

Maman
Maman Gâteau
salé

Maman gâteau prépare le goûter !

L'heure du goûter vient de sonner !

Profitez de ces heureuses tranches de vie, dressez alors une table fraîche et gourmande où règne la bonne odeur de brioches sorties du four, de lait chaud à la vanille, de confiture et de saveurs pénétrantes du traditionnel goûter...

Dans cette version **rouge**, privilégiez la **Gariguette** ! Ces petites fraises déposées dans des pots de confiture s'harmonisent parfaitement avec le décor de la table... Puis, viennoiseries, **tartelettes**, boudoirs et **autres gourmandises** complètent ce centre de table. Enfin, ustensiles pour cuisine et autres **moules à gâteaux** sont judicieusement placés au milieu des vases transparents en verre pour agrémenter ce côté « fait maison » !

Du gâteau dans vos assiettes !

Un ancien **pot à confiture** décoré avec une étiquette « home made » et découpée au ciseau cranté présente à vos convives la fleur et la tartelette sur un pic en bois.

Une image dénichée sur le net et découpée au ciseau fait office de porte-serviette... original !

Une fiole en verre posée sur un biscuit en plâtre et décoré avec une gousse de vanille prend place parmi le décor de la table.

Utilisez des moules à gâteaux comme décor de verre.

Des accessoires très... craquants !

N'oubliez pas d'utiliser aussi la nourriture pour décorer : **Fruits**, gâteaux, friandises...

Ici, brochettes de **cannelés** et de Gariguettes sont déposées ci et là pour égayer la table !

Des mini-**tartelettes** mélangées aux **fleurs** éveillent les papilles tout en agrémentant le service.

Shopping

- Tissu à carreaux au mètre : Ikea (6 €)
- Pots à confiture chinés (2 €)
- Mini-ardoise : Maisons du Monde (5 € les 6)
- Cheval de bois : Oscar (8 €)
- Dinette ustensiles de cuisine (8 €)
- Moules à gâteaux chinés (0,50 €)
- Vase carré : Casa (3 €)
- Coupon lin à pois rouge : La Croix et la Manière (13 €)
- Serviettes de table : Tati (1,50 € les 3)
- Assiettes rouges (1,50 € pièce)
- Assiettes à soupe blanche (1,50 € pièce)

ING FROM NA
ING FROM NA

Le temps des cerises

Le bonheur simple comme un bon repas de noces en plein été, au milieu de la campagne... où gais rossignols et merles moqueurs seront tous en fête...

Faites honneur aux nappes monogrammées de vos aïeux, ressortez des malles les vieux pots de confitures et les photos jaunies... pour un moment de nostalgie... Même si vous n'oublierez certainement pas de mettre tous les autres fruits rouges à l'honneur, savourez le doux parfum de nos étés en bouche et laissez-vous porter par la douceur de vivre de ces *pendants d'oreilles aux robes vermeilles... Et vous aimerez toujours le temps des cerises et le souvenir que vous gardez au cœur...*

D'anciens **torchons en chanvre** chinés en brocante décorent les vases en verre cylindriques (les mêmes que ceux utilisés pour la table végétale, p.123). Un élastique aide à transformer le vase en forme de pochon.
À l'aide de pics en bois, plusieurs sortes de fruits rouges trônent en maîtres de cérémonie.

Un verre bien empoté ! Une chute de tissu habille le pied du verre comme un pot de confiture.

Des bandes de torchons découpées entourent à l'aide d'épingles la mousse de fleuriste. Des fruits rouges sont piqués sur des cure-dents et placés dans tous les sens pour animer le décor de l'assiette.

Des **fraises** et autres fruits rouges sont posées sur des brochettes. Des chutes de lin du Noël traditionnel (voir p.161) se retrouvent ici sur les habillages des chaises

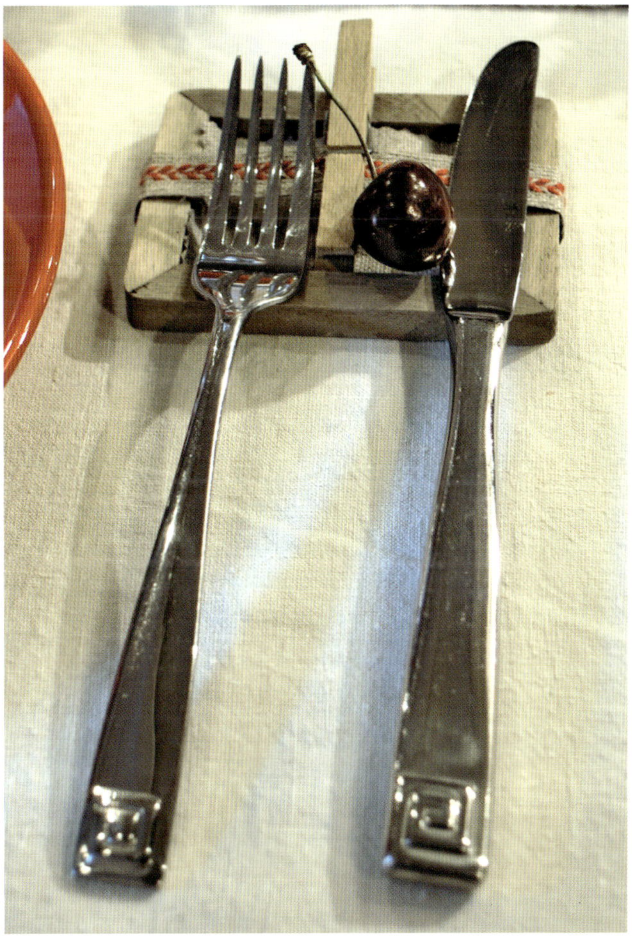

Des assiettes très personnalisées !

De l'encre pour porcelaine a permis de créer de nouvelles assiettes. Estampillées des mots fraises et groseilles, elles clôturent à merveille la thématique de la table !

WEAVING FROM NAT
N. 239
CONFITURE

Shopping

- Assiettes rouges : Habitat (4,00 € pièce)
- Chemin de table Torchon : Mondial Tissus (11 € le mètre)
- Nappe monogrammée en lin chinée en brocante (30 €)
- Étiquettes Métal « Confitures » : Création « Dentelles & Oxydées », Canalblog (3,50 € pièce)
- Assiettes à dessert blanches : Casa (1,99 € pièce)
- Mini ardoise: Maisons du monde (5 € les 6)
- Vase en verre cylindrique : Casa (2,99€)
- Vase de présentation à torchons : Babou (2,49€)
- Pichet à lait : Casa (1,50 €)
- Encre pour porcelaine Stazon : Loisirs Créatifs (8 €)
- Nettoyant pour encre Stazon après usage : Loisirs Créatifs
- Coupelles de couleur rouge : Auchan (1,50 €)
- Verres : Mikasa (9 €)

BISCUITS PERNOT
CONSEILS D-HYGIÈNE
Ne jouez pas avec
les mouches
BON POINT

CIRCUS

Hugo

Les nostalgiques

Lili

Mômes Sweet Mômes

De la nostalgie dans les yeux, de la douceur dans la bouche !

Avec des teintes pastelles, entrez dans un monde de douceur... Savourez un décor rempli de tendresse et de bonheur pour le plaisir des petits et des grands ! Ballons, guimauves et autres surprises animent cette promenade au parc d'enfant. Laissez-vous alors emporter par la magie des carrousels, des kiosques à musique et des après-midi passés à l'ombre des arbres en fleurs...

Un **cadeau magique** règne en maître au centre de la table. Habillez pour cela des boîtes vides avec du papier et le tour est joué... Si vous créez une animation lors de votre goûter, pourquoi ne pas emballer des petites surprises ou bonbons qu'ils remporteront avec eux...

ois têtes de lapin surplombent fièrement la table, rchées sur de simples coupes en verre alors que les hamalows finissent de coordonner la nappe...
es feuilles de scrap assorties aux sets de table sont coupées et transformées en cadeau de bienvenue avec un ccessoire cadeau posé délicatement sur le dessus... et sorti de quelques sucreries !

Des **feuilles de scrap** (comme pour les cadeaux de bienvenue) font office de sets de table.

Quant aux assiettes, un petit train en métal décore leur sobriété accompagné de quelques lanières de guimauve.

Enfin, les couverts en bois sont placés parmi les plumes dans des **cornets de glace** repeints à la peinture acrylique.

ne **fleur en bois** également repeinte se transforme n porte-noms sur des **bouteilles de limonade** cyclées remplies de lait à la violette, à la menthe, à la aise...

Le ruban porte-serviette
Du ruban Vichy aux couleurs de la table décore la serviette.

Des accessoires très… gonflés !

Des **ballons colorés** aux mêmes tonalités que l Chamallows et la guimauve, gonflés à l'hélium, vienne habiller les chaises comme si on était prêt à flotter dans **légèreté enfantine**.

Shopping

- Nappe : Eurodif (25 € pièce)
- Feuilles de scrap (0,90 € pièce)
- Papier cadeau à pois : Arts & Cie (1,99 € le rouleau)
- Peinture acrylique : surfaces de bricolage (3 € le flacon)
- Train, poule, lapin... : Casa (5,99 € pièce)
- Lapin en plâtre : Casa (1,99 €)
- Sujets décoratifs (lapin dans les feuilles de scrap) : Casa (1,99 € pièce)
- Fleurs décoratives : Casa (0,50 € l'unité)
- Lanières de guimauve et bonbons Haribo
- Assiettes à dessert blanches : Casa (1,99 € pièce)
- Assiettes roses : Monoprix (2,90 € pièce)
- Assiettes violines : Casa (2,99 € pièce)
- Coupes en verre : GIFI (5,99 € pièce)
- Gobelets blancs : Monoprix (1,90 € pièce)

BON POINT

Mes jouets favoris

Laissez la magie opérer... Vous prendrez quoi ? Une verre de grenadine ou de menthe à l'eau pour le goûter ?

Ambiance d'époque pour cette collection de jouets des années 50-60 : un joli Vichy bleu azur marié à la gaieté d'un jaune lumineux et acidulé à souhait. Quelques bonbons et des bons points pour replonger dans la cour de récréation, deux ou trois fleurs pour raviver les souvenirs des jeudis après-midi ensoleillés...

Les carambars d'antan et les coco-boërs... et ces vrais roudoudous qui nous coupaient les lèvres et nous niquaient les dents... Une promenade tendre et nostalgique dans l'univers de nos anciens jouets...

Jouets et automates en tôle se mélangent aux boules de **chewing-gum** aux **fleurs** et aux **quilles**. Un chemin de table **Vichy** bleu et blanc donne u petit air année 50 à ce centre de table très...animé ! Des jeux plein les yeux mystère et boules de gomme !

ne chute de tissu est nouée autour du gobelet bas, un bon oint est collé sur le tissu.

l'aide d'une perforatrice et d'une feuille Canson de ouleur, découpez des ronds et accrochez-les avec un uban autour du verre. Vous pouvez ajouter sur l'étiquette onde un jeton de loto que vous fixerez à l'aide de patafix. es sirops de menthe verte et de grenadine servis dans les erres agrémentent et colorent la table.

La serviette de table est roulée et accrochée à l'aide de ruban. U
joueur de babyfoot en bois, un crayon d'école et du papier ancie
termine la parure de cet essuie-bouche...

La déco... un jeu d'enfant !

Le cheval à bascule fait office de porte-couteaux. Des chutes de tissu restantes sont nouées autour des chaises.

7 MILLES
PÊCHE RÉSERVÉE

Shopping

- Chemin de table : Eurodif (7 € pièce)
- Assiettes jaunes achetées en solde (1 € pièce)
- Coupelles bleu ciel : Auchan (1,50 € pièce)
- Verres : Mikasa (9 € pièce)
- Verres à limonade : chinés en brocante (0,50 € pièce)
- Cheval à bascule : Truffaut (2,50 € pièce)
- Serviettes de table : Tati (1,50 € les 3)
- Tissu jaune et bleu : Toto Tissu (4 € le mètre)
- Jeu de quilles : acheté sur Ebay pour 15 €
- Jouets issus d'une collection personnelle

Du baroque en noir et blanc...

Une décoration baroque à consommer… sans modération !

Place aux excès, votre table se dressera sous des airs d'Opéra en noir et blanc… soulignée de cet orange fort et vigoureux qui entre en scène ! Ici, exubérance et motifs en nombre… voilà que nous passons de la renaissance à une subtile modernité très… affirmée !

Shopping

- Assiettes blanches à dessert : Casa (1,99 € pièce)
- Verres noirs : Fly (2 € pièce)
- Assiettes noires : Auchan (1,90 € pièce)
- Gobelets blancs : IKEA (2 € pièce)
- Feuilles de scrap : 30 x 30 cm (2,99 € la feuille)
- Châssis à peindre : dimensions 1 m x 0,30 cm (10 €)
- Ruban noir et blanc : 1,10 € le mètre
- Tissu à pois : Mondial Tissus (3,99 € le mètre)
- Bougeoirs baroque en plastique : Casa (1,50 € pièce)
- Photophores en papier : Botanic Editions (1,50 € pièce)
- Bloc feuilles de scrap (6 €)
- Plumes noires et blanches : Arts & Cie (4,50 €)
- Breloques, pampilles en verre : Babou (2 € les 6)
- Bobèches pour bougeoirs : Casa (1,99 €)
- Verre transparent : IKEA (1,95 € pièce)

Chocolat et bois de rose...

Le raffinement assuré au creux de la table et de son assiette !

Quelques notes de douceur et de romantisme pour une table vêtue de roses et de tendresse... voilà un décor simple, épuré, et rempli de poésie. Le mélange du bois, du rose ancien et du chocolat donne un air élégant, totalement dans la tendance actuelle des âmes rêveuses et vagabondes...

Des morceaux de **bois ramassés en forêt** sont collés à l'aide d'u pistolet à colle tout autour des coupes en verre sur pied (le bois pe être retiré facilement après utilisation, la colle part très facileme sous l'eau). Un **ruban** est noué tout autour. Au milieu de la coupe e verre trônent des **têtes d'hortensia** et des **boutons de roses** Enfin, des feuilles de **portée de musique** assure la touch poétique et ancienne.

n verre Bodega (verre bas espagnol pour sangria) est décoré comme pour
· centre de table, de morceaux de bois collés au pistolet à colle. Une simple
ose et ses petits boutons sont noués autour du pied du verre avec un peu
e ruban.

lors qu'une feuille de partition de musique fait office de porte-serviette, un
etit lierre est placé dans un mug rose à chaque convive, devant la serviette...

Des accessoires au diapason !

Une bande de tissu chocolat est nouée sur la chaise, un morcea de portée de musique est roulé et agrafé pour le porte-coutea un biscuit rose de Reims est posé sur le gobelet bas en guise c bienvenue... La note est donnée...

Shopping

- Assiettes chocolat : Maisons du Monde (4,90 € pièce)
- Assiettes à dessert rose : Babou (1,99 € pièce)
- Coupelles roses : Casa (achetées en solde 1,50 € pièce)
- Mug rose : Casa (achetés en solde 1,50 € pièce)
- Verres : Mikasa (9 € pièce)
- Gobelet bas : IKEA (2 € pièce)
- Partitions de musique : achetées chez Emmaüs (4 € la série)
- Serviette de table : Maisons du Monde (3,90 € pièce)
- Coupes en verre : Maisons du Monde (12,90 € pièce)
- Rubans : Arts & Cie (1,10 € le mètre)
- Hortensias : Truffaut
- Étiquettes couronnées : Dentelles & Oxydées (3,50 € les 10)

PRODUCTO
DE ESPAÑA
EL AVION
PIMENTON
AHUMADO
EL AVION
PIMENTON
PICANTE AHUMADO
SMOKED HOT PAPRIKA

Les exotiques

Mon auberge espagnole

De la sangria dans les verres, des couleurs chaudes dans les assiettes... Olé !

En attendant votre pose estivale, profitez des beaux jours et recréez une ambiance solaire et festive aux tonalités de l'Espagne. Cette table haute en couleurs renvoie au placard les tons feutrés de l'hiver ! C'est qu'elle affiche fièrement ses origines, cette belle Andalouse : du jaune, du rouge, du noir, des pois, des éventails et avec les petites touches de dentelle par-ci par-là, elle vous offre presque sa mantille ! Chaleureuse, elle n'est pas en reste pour la gourmandise : à vous olives, piments, chorizo et autres tapas..
Savourez : vous êtes en vacances... sur les Ramblas de Barcelone !

Place au centre de table ! À l'aide d'un pistolet à colle, collez des **éventails** dans des mises en bouche en verre que vous remplissez de sable pour les stabiliser. Ensuite, décorez les éventails de belles et **grandes fleurs colorées.**

Ajoutez poivrons, piments, citrons et autres fruits et **légumes aux couleurs du soleil** pour terminer la décoration centrale.

Une boîte de Paprika fort fait office de décor avec des iments frais. Des stickers en gel pour salle de bains sont osés sur l'assiette de présentation.

nfin, une touche de froufrou espagnol, avec cette jolie et lassique **dentelle noire** pour habiller les couverts.

Dé-tournez
en rond de serviette !
L'idée originale :
des anneaux de boucle
d'oreille détournés font
office de rond
de serviette.

Des **fleurs jaunes** illuminent aussi le décor ! Cambía la vida !

Du **ruban jaune et rouge** décore le verre noir.

Un verre de **sangria** dans des gobelets à **pois rouges**.

Si vous n'avez pas de verre à pois, vous pouvez aussi personnaliser vos verres grâce à des gommettes autocollantes.

Passer à table et à tapas !

Pour finir cette jolie table du sud, des **piments séchés** sont présentés en décoration dans des verres transparents à café devant les serviettes de table… et une **brochette** de chorizo, olives, cornichons, oignons au vinaigre présentée dans des petits verres de couleur en porcelaine rouge ou jaune nous met en appétit… sur un air de **Movída** !

Shopping

- Tissu à pois : IKEA (4 € le mètre)
- Assiettes rouges à dessert : Noz (0,75 € pièce)
- Éventails : 1,49 €
- Mises en bouche en verre : Casa (0,75 € pièce)
- Serviettes de table : Tati (1,50 € les 3)
- Assiettes jaunes : achetées en solde pour 1 €
- Verres noirs : Fly (1,99 € pièce)
- Verres à pois rouges : Eurodif (1,99 € pièce)
- Vases rouges : Fly (10 € pièce)
- Verres à café : Grande surface (1,50 € pièce)

Mille et une nuits

Quand le Maroc dresse la table !

Des envies de soleil au cœur de l'hiver? Dressez une table aux couleurs chaudes, chaleureuse et accueillante ! Chez le fleuriste vous trouverez le feuillage pour mettre en valeur les oranges, reines du décor. Ensuite le reste est déjà dans vos placards : des épices, des bougies, des olives, des feuilles de menthe et les oranges bien évidemment... Vous voilà plongé le temps d'un repas dans une orangeraie marocaine.

Orange ! Telle est la couleur du sud, celle des **épices** et des plats relevés et **chaleureux** du Maroc ! Voilà pourquoi cette couleur domine la table et son centre : des **oranges** et du **feuillage** dans des vases transparents donnent le ton du soleil. Des **photophores** réchauffent l'ambiance et, décorés d'épices et de pignons de pin, ils se retrouvent customisés pour l'occasion !

Des feuilles de menthe dans des verres orientaux agrémentent également la table...

Les assiettes connotent la décoration et apportent la touche marocaine à elles seules. Pour agrémenter, un **verre de thé à la menthe,** posé dans chaque assiette des convives, présente des olives en guise de bienvenue.

Les verres orientaux ne nécessitent pas d'être décorés davantage.

es ronds de serviette en métal ont été chinés dans un magasin iental. Une **bougie chauffe-plat** placée dans un verre doré arocain éclaire davantage la table toujours dans cette ambiance misée...

Sur un lit d'arôme... Quelques feuilles de menthe font office de porte-couteau.

Table du soleil et sièges en or !

Pour finir, il était nécessai d'apporter une touche dorée po rappeler le Maroc. J'ai donc ache un rouleau de papier cadeau découpé des bandes, il m'a servi décorer et à habiller mes chaises !

Shopping

- Nappe et serviettes : Tati (15 € l'ensemble)
- Verres à vin : Pier Import (2 € pièce)
- Assiettes tunisiennes ramenées de Tunisie
- Vases transparents : Casa (1,99 € pièce)
- Photophores : IKEA (1,99 € les 6)
- Bougies : IKEA (3,99 € les 6)
- Verres orientaux : Tati (2,99 € les 6)
- Tagines : Maisons du Monde (5,90 € pièce)

Corona
Extra
POLPA

Mexic'oh !

Il n'y a pas à tortiller, au Mexique, on s'amuse ! Tous en tacos et c'est parti pour une soirée entre amis !

Ce soir, on fait la fête ! Table remplie de couleurs pour une ambiance épicée à souhait, sans chichis et pleine de bonne humeur. Spéciale dédicace à ses amis les plus festifs : une soirée qui invite à la gaité et aux éclats de rire. Tortillas à volonté mais Téquila avec modération tout de même !

Ambiance détendue et amicale : le ton est donné grâce au centre de table ! Chacun des invités peut piocher dans le récipient en verre, rempli de **tacos** et décoré à l'aide de **piments rouges et verts**. Le décor de table coloré met à l'aise et les sauces pour tacos invitent à la consommation.

Mais qui a dit que le monde était un cactus ? Les convives partagent un petit pot avec du guacamole pour y tremper ses tacos... Convivialité assurée autour d'une bière !

Una cerveza por favor !

Pour toute soirée mexicaine, n'oubliez pas la citronnade, la bière mexicaine type Corona ou Desperado !*

Astucieux à croquer, ces ronds de serviette ! Des galettes pour **fajitas**, agrémentées d'un piment.

* l'abus d'alcool est dangereux pour la santé.

Bonne humeur et self service ! Les couverts sont placés dans une **boîte d** **conserve**. Loin des dressages 5 étoiles des restos parisiens, ici, nous no restaurons à la bonne franquette !

Pour finir, une serviette de table chaque fois de couleur différente est enfilée s l'habillage de la chaise... Soirée haute en couleurs... para bailar la bamba !

Shopping

- Assiettes jaunes : achetées en fin de série (1 €)
- Chemin de table : acheté en fin de série (3 €)
- Serviettes de table de couleur : Tati (1,60 € les 3)
- Sets de table : Tati (1,50 € pièce)
- Mise en bouche en verre : Casa (0,75 € pièce)
- Coupelles de couleur : Auchan (1,50 € pièce)
- Assiettes rouges : Habitat (4 € pièce)
- Verres à soda : IKEA (2 € pièce)
- Verres à pied : IKEA (2 € pièce)

Un petit air de trattoria

Pasta e basta !

Place aux couleurs du soleil et du sud ! Des pâtes de toutes sortes remplacent les fleurs et hissent la culture de l'Italie en vedette. Piments, olives, basilic, thym, artichauts et bien-aimées tomates chantent les parfums de la gastronomie italienne dans un décor trattoria évoqué par les torchons qui décorent les chaises.

Pour que chacun retrouve toute l'hospitalité méditerranéenne, huile d'olive individuelle pour les convives et étiquettes avec insertion d'une image en guise de porte-noms.

Bienvenue ! Installez-vous confortablement et dégustons un bon plat de Spaghetti alla bolognese !

Une Traviata d'accessoires...

N'oubliez pas d'accessoiriser votre table et de mettre en avant votre thématique. Ainsi, les spaghettis coupés se transforment en **porte-couteaux**, les tomates-cerises et le basilic frais animent les **brochettes**, des torchons anciens chinés chez Emmaüs habillent les chaises et donnent un côté... de Trattoria !

Des anciens pots à confiture sont présentés à chaque convive avec des olives, des piments et autres anti-pasti.

Pascal

hida
Pasc

Shopping

- Panier en osier : Casa (1,99 € pièce)
- Assiettes à pâtes : La Porcelaine Blanche (3 € pièce)
- Ruban vichy : Arts & Cie (1 € le mètre)
- Verres à eau : Ikea (2 € pièce)
- Verres à vin : SIA (9 € pièce)
- Torchons : chinés chez Emmaüs (1 € pièce)

Dame Pivoine reçoit...

Dame Pivoine vous fait fondre de tendresse !

Cette table aux pivoines fête dignement l'arrivée de l'été. Avec romantisme, les fleurs majestueuses trônent déployant leurs jupons de pétales avec grâce et simplicité. La longueur des tiges les rend aériennes et souligne leurs formes voluptueuses. Le jardin s'invite à table et se laisse emprisonner dans des volières miniatures : on entendrait presque les chants des oiseaux derrière le gypsophile délicat... Reste désormais à goûter les douces framboises acidulées qui s'offrent aux invités et à réserver pour la fin du repas la savoureuse lanière de guimauve du dessous...

Sous le châssis à peindre entoilé en coton, j'ai glissé des blocs de polystyrène pour le piquage des fleurs. Toutes les pivoines sont ensuite piquées sur le support à peindre en premier lieu, puis le tout est recouvert de **mousse de forêt**. Un ruban large en coton sergé entoure tout le châssis pour la **touche de rose**.

Dans une petite **boîte en zinc**, j'ai placé du papier de soie dans le fond, j'ai posé ensuite une lanière de guimauve à l'ancienne en forme d'escargot. Des **framboises** sur le dessus, une brindille de **menthe fraîche** et du ruban apportent la touche finale.

ne étiquette en bois avec une inscription à ancienne (prise sur le net) est attachée au pied u verre, alors qu'un **ruban vichy et liberty** n entoure le haut pour l'habillage.

ur l'autre, des ronds de papier Canson sont briqués à l'aide d'une perforatrice (comme ur les verres de la table des jouets, p.45) pour insérer un mini cœur en zinc, le tout accroché vec un peu de chanvre.

ne mini-cage à oiseau est décorée avec un peu e gypsophile et une lettre en zinc est posée élicatement sur la serviette...

n pochon en tissu avec du ruban vichy enveloppe s couverts...

Une brochette de **guimauve** est placé
pour chaque convive avec une fleur et de
cœurs en zinc collés à la patafix décorer
les chaises.

Shopping

- Cage à oiseaux : Cultura (3 € pièce)
- Assiettes à dessert blanches : Casa (1,99 € pièce)
- Boîtes en zinc : Gifi (1,50 € pièce)
- Assiettes roses : Monoprix (2 € pièce)
- Serviettes de table : Maisons du Monde (3,90 € pièce)
- Nappe : Maisons du Monde (35 € pièce)
- Verres : Mikasa (9 € pièce)
- Châssis à peindre entoilé (dimensions 1 m x 0,20 m) : Truffaut (8 €)
- Fleurs Pivoines : Truffaut (10 € le bouquet de 10)
- Gobelet Bodega gris : Monoprix (2 € pièce)
- Bougeoirs Rice achetés en solderie pour 2 € pièce

Un anniversaire bien printanier

Anniversaire en fleur, anniversaire bonheur !

Une table à décliner pour toutes les occasions : anniversaires, fête des mères, mais aussi et simplement pour fêter le retour des beaux jours.

Bienvenue en « belle saison » avec un chemin table fleuri et parfumé comme un tapis de fleurs dans les sous-bois au joli mois de Mai...

Optez pour un chemin de table... très fleuri (le princip est le même que pour *Dame Pivoine*, p.102) ! À l'aid d'un châssis pour peinture, piquez des **clochette de campanules,** enfoncez légèrement le suppor avec la pointe du couteau, et glissez les bouquet de fleurs les uns derrière les autres. Entourez l châssis de ruban pour la touche finale. Vous pouve remplacer les campanules par toutes sortes d fleurs ou par de la mousse végétale également.

Des messages réalisés sur tissu à partir de feuilles de transfert sont placés devant des assiettes et d'appétissants **muffins nappés à la violette** sont présentés dans des petites coupelles.

Un pic en bois, du papier Canson de couleur et un peu de ruban se transforment en drapeau pour la décoration des verres. Des gommettes à pois sont collées sur des gobelets bas en verre tout simples.

Du ruban... même sur les couverts !
Un ruban organdi décore les couverts.

Des **boîtes gigognes** carrées chinées en loisirs créatifs sont décorées à l'aide de **bandes de tissu récupérées** sur un double rideau (pattes de fermeture du rideau).

Les Chamallows sont toujours au rendez-vous pour rehausser ces tons guimauves et pastels !

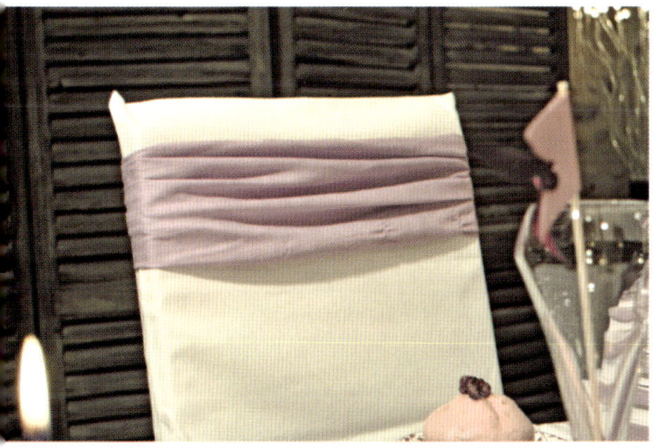

Shopping

- Assiettes : Maisons du Monde (3,90 € pièce)
- Gobelets bas en verre : IKEA (1,95 € pièce)
- Verres : Mikasa (9 € pièce)
- Bougeoirs : Casa (1,99 € pièce)
- Serviettes : Maisons du Monde (3,90 € pièce)
- Châssis à peindre entoilé (dimensions 1 m x 0,20 m) : Truffaut (8 €)
- Boîtes gigognes (1,50 € le lot de 4)
- Photophores : Casa (1,99 € pièce)

Les naturelles

THYM
ESTRAGON

Table, dégustation et... botanique !

En voilà une table bien assaisonnée !

Ce thème rend grâce à ces merveilleuses herbes qui transforment un repas simple en parcours initiatique pour notre palais et notre fin museau.Prenons donc le temps, à travers une promenade botanique, de découvrir les différentes variétés présentées, et profitons de cette table estivale et parfumée pour transmettre à nos enfants ces subtils petits secrets herbacés qui font la richesse de nos traditions culinaires...

Un porte-sopalin a été détourné en centre de table et placé dans un récipient en verre (comme pour la table *Mexic'ho !*, p.84) : des pots en carton pour semis ont trouvé place à l'intérieur permettant d'exposer **persil** et **ciboule**. Pour bien cacher le bas du porte-sopalin et son dérouleur, une bande de jute vient enrober sa partie basse. Une inscription au pochoir (menthe) lui donne la tonalité de la table.

Près de l'assiette…

Un panier en osier contenant un récipient en verre est rempli ici de mesclun sur lequel trônent des tomates-cerises à l'attention de chaque convive… Et un mini-arrosoir en zinc leur présente une brochette d'olives…

Les petits sacs en **toile de jute** du Noël traditionnel (p.158) ont trouvé ici une deuxième vie et se retrouvent en cache-pot. Grâce à des lettres tamponnées ils désignent fièrement les herbes et les têtes d'ail qu'ils livrent aux convives...

Pour savourer au mieux ces saveurs, le verre a revêtu sa tenue de printemps et exhibe les noms des arômes à déguster. Pour réaliser ce ruban, nous avons utilisé du papier transfert. Quant à l'autre pied, une chute de sangle de jute y est agrafée pour y glisser quelques branches de romarin.

La yellow touch !
Un gobelet en verre rempli de citronnade apporte une petite touche de jaune pour rehausser le tout !

Un porte-serviette bien pimenté ! Des piments frais sont piqués à l'aide d'épingles sur les ronds de serviette en osier !

Pour parfaire le plan de table, le nom de chacun est inscrit sur une petite tablette en ardoise, insérée dans des **pots à semis**, faisant office de kits jetables, et décorée de **pelote de ficelle**, **ciboulette**, paille et couverts en **bambous**... très chic et nature !

Des sièges assaisonnés !

Bien ficelée, de la sangle de jute recouvre le dossier des chaises et une inscription y est réalisée au pochoir métallique et à la peinture acrylique.

Shopping

- Panier en osier: Casa (4 €)
- Ronds de serviette en osier : Casa (1 €)
- Arrosoir : Gifi (1,75 €)
- Gobelet bas ondulé : Casa (1,75 €)
- Porte-sopalin : Maisons du Monde (14,90 €)
- Sacs en toile de jute (1,50 €)
- Assiettes blanches : Casa (3 € pièce)
- Coupelles rouges : Auchan (1,50 € pièce)
- Assiettes à soupe aromatique : Alinéa (3 € pièce)
- Serviettes de table : Eurodif (2 € pièce)
- Sangle de toile de jute : Mondial Tissus (4 € le mètre)
- Pochoirs métalliques : Botanique Editions (25 €)
- Verres : Mikasa (9 € pièce)
- Chemin de table à pois (acheté en fin de série pour 2 €)
- Pots en carton pour semis (3 € les 6)

Passez au vert et dînez... bucolique

Il n'y a pas de mal à végéter le temps d'un repas !

Passez au vert ! Plongez dans le bucolique, donnez un air de jardin à votre maison et à votre table ! Nous voici revenus aux temps immémoriaux où la Nature et l'Homme étaient en symbiose. Voici un jardin d'Eden luxuriant, un petit morceau d'Amazonie spécialement conçu pour vous redonner l'envie de prendre le temps des choses. Alors faisons honneur à la douceur de vivre en cueillant les fruits de l'instant présent et devenons à notre tour des inconditionnels du végétal !

Végétalisez votre table grâce à des flacons en verre transformés en petite jardinière.... Chinés dans les vide-greniers, ces flacons sont de taille différente : remplis de terreau, de fougère et de diverses sortes de plantes vertes, ils donnent le ton champêtre de la table.

Dans un vase en verre, placez de la mousse de forêt et glissez-y une fleur !

es verres n'échapperont pas au **ouvoir des fleurs** : un peu e **lichen** habille le pied de l'un : quelques fleurs s'attachent au ed de l'autre !

u feuillage exotique et un peu de **uban** vêtissent la serviette de ble.

ans un petit bocal en verre bonbons, déposez quelques uilles de menthe... Un simple tron vert est posé sur le dessus our la touche exotique.

Le plaisir des choses simples !

Des morceaux de **citrons verts** sont piqués dans chaque verre pour l
citronnade. Un simple morceau de **bois flotté** fait office de porte-couteau.

La green'touch ! Des bandes de stickers sont collées sur les chaises pour la touche "Déjeuner sur l'Herbe" !

Shopping

- Torchons : Eurodif (2,99 € pièce)
- Assiettes : Gifi (2,50 € pièce)
- Assiettes à dessert : Casa (2 € pièce)
- Plantes vertes : IKEA et Jardiland (entre 2,50 € et 5,95 € pièce)
- Vase cylindrique en verre : Casa (2,99 € pièce)
- Verres : Casa (1,50 € pièce) et Mikasa (9 € pièce)
- Serviettes de table à pois : Eurodif (1,99 € pièce)
- Flacons en verre : chinés pour 1 à 2 € pièce
- Bocal à bonbons : Maisons du Monde (1,99 € pièce)

EXTRA
Ficelle

Lin & Ficelle

Direction le bon air de la campagne avec cette ambiance naturelle et authentique !

Ouvrez les armoires et les confituriers pour y retrouver des pelotes de ficelle brutes aux couleurs naturelles. Descendez au jardin pour y cueillir... du romarin évidemment ! Reste maintenant à savourer les parfums vivifiants des herbes aromatiques à la lumière chaleureuse des bougies.

écorez vos verres avec des rondelles
e citron et remplissez de citronnade.
ela évoquera avec délice à votre
alais les goûters ensoleillés de
os après-midis d'enfance. Vous
ouvez fabriquer des étiquettes avec
u papier kraft que vous pourrez
ersonnaliser à votre guise.

Une serviette appétissante ! Placez un vase soliflore devant la serviette avec quelques branches de romarin, et, sur la serviette, déposez une attention gourmande pour vos invités : un gressin parfumé aux herbes.

Disposez des pinces à linge à l'ancienne en guise de porte couteau, décorez vos verres avec des brochettes de kiwi, habille les chaises à l'aide de chute de chanvre ou de toile de jute...

Shopping

- Assiettes transparentes : Duralex (1 € pièce)
- Assiettes à soupe achetées en fin de série (0,75 €)
- Verres à pied : IKEA (2 € pièce)
- Vase soliflore blanc : Eurodif (2,99 €)
- Pelotes de ficelle : Gifi (1,75 € les 2)
- Photophores en verre pour bougies chauffe-plat : IKEA (1,99 € les 12)
- Assiettes carrées blanches : Casa (3 € pièce)
- Pot à confiture : Comptoir de famille (3 €)
- Gobelet blanc : Monoprix (1,90 €)

QUAI 5
N
E
OUEST

Une table au pied marin

Pour tous les amoureux du littoral : coquillage et bois flotté !

Tout y est ! Du bois flotté et du sable pour les amis un brin « écolo-zen » ! Des coquillages glanés au fil des ballades pour ravir le cœur romantique, les passionnés poétiques aux souvenirs d'amours de vacances ou les reconnaissants, ceux qui se sont rencontrés en vacances ! Des planches en guise de nappe pour une ambiance « cabanes de plage » ravissant le cœur de votre aïeul... Nostalgique, il vous contera peut-être ses souvenirs de villégiature à Deauville à la grande époque de Gabrielle Chanel...

Des planches recyclées font office d nappe. Ces planches, que nous utilison aussi pour le Noël au chalet (p. 150), or été tournées et peintes en blanc (aprè léger ponçage)... effet garanti 100 % bor de mer !

Des boîtes déco (avec tiroir en bois) sor repeintes aux pochoirs (métalliques) à la peinture acrylique. Des **fleurs**, de **coquillages**, du **bois flotté** décorer les boîtes et le centre de table. Des vase transparents en verre remplis de bo flotté, de sable, de coquillages sièger également au centre. Pour le décor fina des **poissons en bois** sont fixés ave de la patafix.

ans les gobelets en verre : du **sable**, des coquillages et du bois flotté. ne étiquette en bois est peinte à la peinture acrylique et nouée avec de la **bre de lin.**

es expressions sur les étiquettes en bois sont fabriquées sur Word et nprimées en couleur.

Des verres à pieds... dan l'eau !

Quant aux verres, tantôt de morceaux de bois flotté sont fixés la patafix sur leurs pieds, tantôt d la corde et un bouchon en liège. comme s'ils étaient prêts à flotte sur l'écume !

Les serviettes sont habillées de galon personnalisé fabriqué à partir de transfert. Une bouteille en verre chinée lors d'un vide-grenier est repeinte à la peinture acrylique. À l'aide de **tampons alphabet**, des mots sont inscrits sur le **ruban sergé** en coton qui entoure les bouteilles et pour finir, un **galet repeint** en bleu se transforme en porte-couteau.

Un flot d'idées déco !

Des pics en bambou sont entourés de ficelle et laissent l place à une crevette grise et à la rondelle de citron. Enfin, l'aide des pochoirs métalliques, j'ai décoré mes chaises su des bandes de tissu en coton blanc... Embarquez, votre déc est amarrée !

Shopping

- Bois flotté, bougeoir en bois flotté : Créations « Bois Effet Mer », Canal blog
- Assiettes : Maisons du Monde (Collection Newport 4,90 €, pièce)
- Torchons : Maisons du Monde (12,90 € les 3)
- Verres dans les assiettes : IKEA (1,95 € pièce)
- Bloc tiroir décoratif : Babou (1,99 €) ; repeint à l'aide de pochoir et de peinture acrylique
- Cabine de plage : Gifi (9,99 €)
- Vases transparents : IKEA (1,99 € pièce)
- Sable : IKEA (1,99 € le sachet)
- Bouteilles de verre chinées 0,50 € et repeintes à la peinture acrylique
- Verres : Mikasa (9 € pièce)
- Gobelet à pois : Eurodif (1,99 € pièce)
- Serviettes de table grise et beige : Maisons du Monde (1,50 € pièce)
- Pochoirs métalliques Alphabet : Botanic Editions (25 €)
- Guirlande de 6 poissons en bois : Maisons du Monde (6,90 €)

À la faveur de l'automne !

Quand les sous-bois passent à table !

Une nappe chocolat, une écorce ramassée lors d'une balade en forêt, des bougies, du raisin, des pommes et des morceaux de bois... Voilà qui donne à cette table un air de forêt, comme une invitation à se réchauffer après une expédition châtaignes ou champignons !

Imprégnez-vous d'une ambiance automnale propice à déguster les premières noix et les derniers grains de raisins.

Quand la nature rentre dans vos maisons... transformez la table en sous-bois et c'est comme si vous pique-niquiez dans la forêt ! Placez une écorce de **bûche de bois** au centre de la table, collez à l'aide de patafix des **bougies** tout le long, décorez avec du feuillage automnal... de chaque côté de la table placez quelques pommes rouges, figues, châtaignes etc., et quelques morceaux de bois...

Lit de mousse et lumière tamisée ! Placez de la mousse ramassée en forêt dans un gobelet et posez délicatement sur le dessus une bougie chauffe-plat.

Une assiette savoureuse, des verres à déguster !

Nouez une serviette de table et décorez avec quelques noix et autres fruits de saison.

Collez des coquilles de noix, des châtaignes à la patafix sur le pied du verre. Çà tient et l'effet est garanti !

Le petit plus nature !

Réalisez une brochette avec des grains de raisins, munissez-vous d'un petit fagot de bois pour le porte-couteau ou bien placez une chute d'écorce.

Shopping

- Bougies parfumées : IKEA (5,99 € les 12)
- Assiettes à sushis : La Porcelaine Blanche (1,99 € pièce)
- Serviettes de table : Eurodif (1,99 € pièce)
- Nappe : Maisons du Monde (25 €)
- Verres : Mikasa (9 € pièce)
- Assiettes de couleur taupe : Carrefour (1,50 €)

BIENVENUE

Blanc comme neige et bois comme chalet !

Vive le blanc d'hiver !

Qui n'a jamais rêvé d'un Noël au pied des pistes ? De profiter d'une ambiance familiale, conviviale et du décor authentique de la montagne et d'un chalet de bois. Grâce aux matières naturelles et au choix d'harmonies sobres, il règne à table un confort douillet et la chaleur des bons moments... Vacances au ski, douceurs des fêtes et vive le vent d'hiver !

our ce décor féérique de Montagne, trouvez du **bois e bouleau**, détournez ici en centre de table, des lanches de coffrage en nappe, destinées à une mort ertaine et qui ont retrouvé une deuxième vie, de la **eige artificielle**, de la **ficelle**, des **bougies**, es **chutes de lin**... C'est sûr, cette année, il eigera pour Noël !

Dans l'assiette de présentation, de la neige artificielle, un **patin à glace** servant de décor de sapin repeint et relooké aux couleurs naturelles de la table, des petits sujets décos pour sapin sont placés également en décor dans l'assiette...

Quand la montagne gagne les assiettes

Pour le rendu magique et lumineux du verre c présentation, optez pour une **lampe à le** fonctionnant sur pile, le tout recouvert de neig synthétique pour cacher l'ensemble de la lampe. D la neige moutonnée a également trouvé place autou du pied de verre, et sur le gobelet bas, du vernis-col revêt le bas du verre, ensuite placé dans de la neig poudreuse artificielle. **Ruban blanc, étoiles e bois naturel** finalisent le décor des verres.

Bois et lin au menu... Étiquette en lin, cœur en bois viennent finir l'habillage de la serviette.

Planté de brochette !

Brochette de bonbons Ferrero pour le côté blanc, rond et festif, petite paire de skis miniatures pour sapin de Noël se transforment en porte-couteau. Des bandes de lin et un traçage cœur sur lin blanc habillent les chaises... et avec ça un petit vin chaud ?

Shopping

- Planches et bûche de bois de bouleau de récupération
- Guirlande en plumes blanches : Maisons du Monde (9,99 €)
- Verres : IKEA (1,95 € pièce)
- Boîtier à leds : Gifi (2 €)
- Neige synthétique en poudre : Casa (3 €)
- Sujets décoratifs naturels : Casa (de 1 à 3 € pièce)
- Pelotes de ficelle : Gifi (1,75 € les 3)
- Bougies blanches : Casa (1,99 €)
- Patins à glace : Truffaut (2,50 €)
- Assiettes : Casa (5,90 € pièce)
- Gobelets blancs : IKEA (1,95 € pièce)

JOYEUX NOËL

Oh oh oh !

Quoi de plus traditionnel que du rouge et du vert pour fêter le Père Noël ?

Pour un Noël des plus traditionnels, voici une table toute vêtue de rouge qui vous transportera dans vos souvenirs d'enfance : à l'étal des confiseurs sur le marché de Noël, au pied du sapin qui sent bon la forêt, au milieu des cadeaux aux couleurs chatoyantes, au pays du bon et gros Père Noël, du pain d'épices où les sourires des enfants sont aussi naturels que la neige le 25 décembre, où le repas de Noël partagé en famille avec ceux qu'on aime se passe toujours formidablement bien !

JOYEUX NOEL JOYEUX NOEL

Placez des **bonbonnières en verre** sur le centre de la table, décorez avec des biscuits **sablés**, **pain d'épices** et autres **confiseries** de Noël, ramassez du houx et placez des **bougies** de Noël, des boîtes **cadeaux** en guise de décor... Tout y est : gâteaux, confiseries et cadeaux donnent le ton généreux de la trêve des confiseurs !

Sac de jute faisant office de porte-serviette, bonhomme de pain d'épices en pâte fimo donnent la touche finale et enfantine...

Des assiettes au jeu d'enfant !

Une chute de lin dans un pot à confiture supporte un sujet en porcelaine de Noël trouvé au salon des loisirs créatifs.

Biscuits au chocolat collés à la patafix sur le pied du verre et sujets en bois, mais également **champignons au sucre** sont posés comme décor-douceur de Noël.

Un morceau de pain d'épices en porte
couteau et des brochettes de bonbon
aux couleurs traditionnelles ... Autant d
gâteaux-cadeaux à croquer !

Shopping

- Chevaux à bascule : Maisons du Monde (1,50 € pièce)
- Père Noël : SIA (90 €)
- Lin à pois rouge : La Croix et la Manière (13 € le coupon)
- Boîtes cadeaux : Comptoir de Famille (de 5 à 7 € pièce)
- Bonbonnière en verre à 3 étages : Pomax (40 €)
- Bonbonnière en verre simple 13 à Table 15 €
- Pots à confiture : Comptoir de Famille (3 €)
- Verres : Mikasa (9 € pièce)
- Verres : IKEA (2 € pièce)
- Assiettes : Habitat (4 € pièce)
- Sujets de Noël en céramique (3 € pièce)

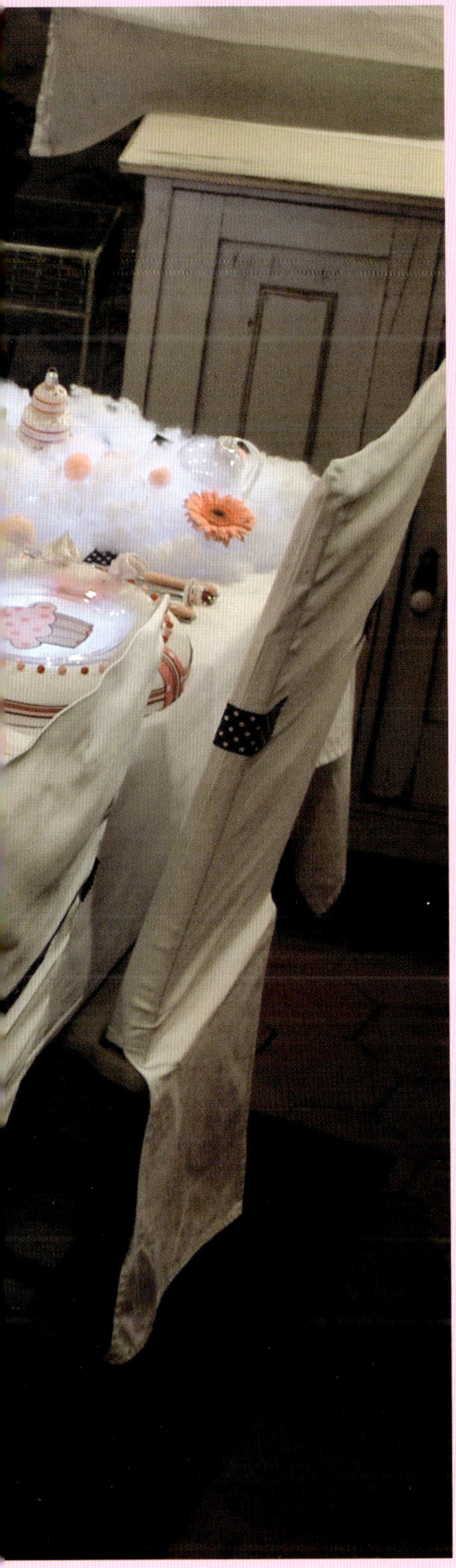

Un Noël très girly !

Et si on féminisait enfin Noël ?

Un rêve de petite fille : une table de conte de fées, un village enchanté rempli de rose, de guimauve où règne la bonne odeur de Barbapapa et des friandises. Un décor enfantin, joyeux et tendrement sucré... laissez-vous séduire par cet espiègle décor acidulé !

Les boules en polystyrène ont été transformées en religieuses, les couronnes en assiettes de présentation lumineuses et gourmandes, comme un visuel représentant un **gâteau** factice sous l'assiette. Les cônes sont devenus de petits sapins, les **bijoux de table** gourmands sur les verres et les photophores ont été réalisés en pâte fimo par mon amie Karipuce. Un **rouleau de papier cadeau pailleté** faisant office de chemin de table, des guirlandes à leds pour sapin de Noël sont cachés par la neige synthétique, et sous le nappage sont branchés des rubans lumineux.

Couronne en polystyrène peinte à la peinture acrylique, guimauves, bonbons, perles piqués à l'aide de cure-dent et ruban finalisent ce décor de gâteau factice. Sous l'assiette transparente est placée une guirlande leds à piles, le tout est recouvert de **neige moleton synthétique** et d'une image trouvée sur internet. Les verres se parent de sucreries : macarons en pâte fimo collés à la patafix au pied de l'un, ponpons blancs et rubans au pied de l'autre.

La bonne astuce !
Une barbapapa réalisée avec une feuille de feutrine, un pic à brochette qui décore la serviette.

Des friend'ises très girly !

Cupackes réalisés à base de feuilles de feutrine, brochettes de guimauve et de nougat, biscuit rose de Reims se transforment en porte-couteau...

Shopping

- Boules polystyrène : 0,50 €
- Cônes polystyrène : 0,65 €
- Couronnes polystyrène : 1,50 €
- Neige synthétique : Casa (3 €)
- Guirlande lumineuse led : Gifi (15 €)
- Ruban lumineux led : Babou (9 €)
- Papier pailleté : Arts et Cie (8 €, le rouleau)
- Feuilles de feutrine : Cultura (0,75 €)
- Pâte fimo : Cultura
- Assiettes transparentes : Duralex (1 €)
- Photophores : IKEA (1,99 € les 12)
- Verres : Mikasa (9 €)
- Peinture acrylique : Phébéo (3 € les 12)

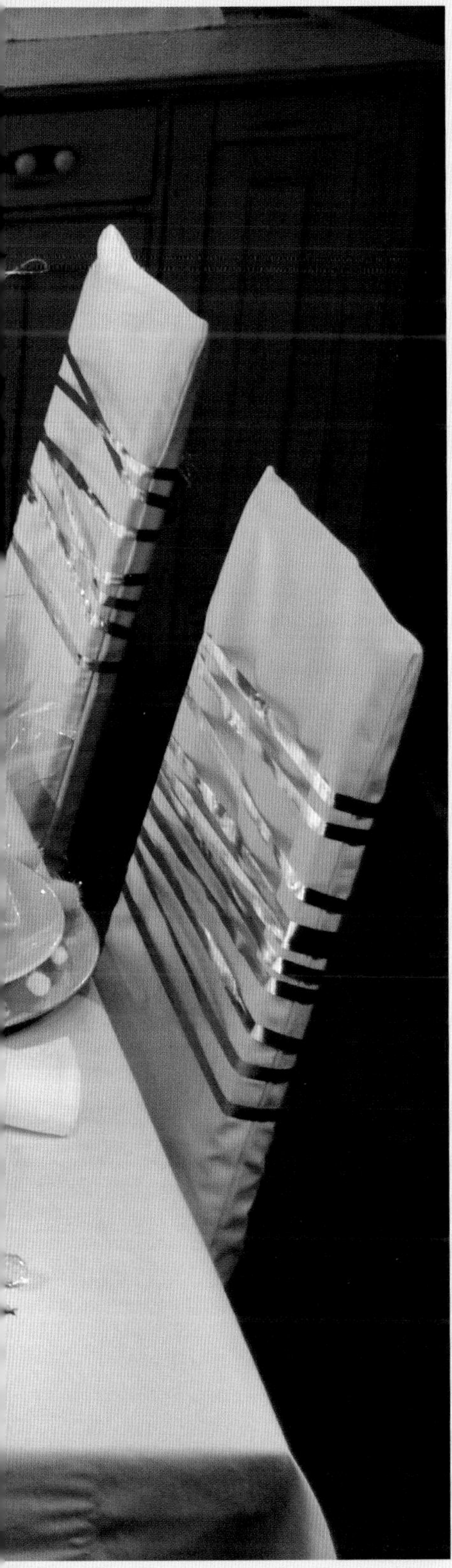

Bonheur, santé et… doré !

Un fond sonore de Franck Sinatra et Lisa Minelli et la soirée star de l'année peut commencer…

Bonne année ! Que vos souhaits se réalisent et que ce nouvel an vous apporte santé, bonheur et… doré ! De l'élégance et du raffinement pour une table de réveillon aux tons féériques qui soulignent l'ambiance du décor. Pour un repas en petit comité ou en amoureux propice aux longues discussions et aux petites confidences.

Pour cette table très chic et toute dorée, placez une **guirlande led lumineuse** et recouvrez-la de **neige molletonnée** pour en cacher les fils.

Une guirlande anime l'assiette, un verre Bodega accueille une fleur emballée de papier cristal.

La féérie au rendez-vous ! Fausse neige, brochette de Ferrero et ... Champagne !

Un décor magique aux **bougies dorées**, **bolduc** et **breloques** pour la note festive... asseyons-nous et tournons la page pour écrire un nouveau chapitre de 365 jours.

Shopping

- Guirlande led pour sapin de Noël : Gifi (15 €)
- Neige molleton synthétique : Truffaut (3 € le sachet)
- Boules de Noël : Maisons du Monde (2 € celles en verre, 1 € les dorées)
- Assiettes de présentation dorées : Casa (2 €)
- Verres et flûtes à champagne : Mikasa (9 € pièce)
- Assiettes blanches : Casa (3 € pièce)
- Breloques, pampilles en verre : Babou (2 € la boîte de 6)

Imprimé en France par IME - 25110 Baume-les-Dames
Dépôt légal : novembre 2010
N° d'éditeur : 8210

Cet ouvrage a été réalisé avec des encres végétales sur du papier PEFC 100% issu de forêts gérées durablement
chez un imprimeur respectant toutes les normes environnementales